Gewidmet meiner Tochter Beatrix.
Meinem Ehemann meinen Dank für seine Geduld und
Unterstützung während des Schreibens und bei der Bewäl-
tigung der Computertücken, meinen Eltern und meiner
Freundin Maria für ihre Kommentare und Anmerkungen
beim Erstlesen des Manuskriptes.

Elka Horvath

WARUM KANN SICH MAMA NICHT FREUEN?

Wie ein Vorschulkind die Depression seiner Mutter
erlebt und verstehen lernt.
(Vor)-Lesebuch für Kinder unter 10 Jahren.

WINDSOR VERLAG

www.windsor-verlag.com

Verlag: Windsor Verlag
ISBN: 978-1-627841-64-1

Umschlaggestaltung: Julia Evseeva
Layout: Julia Evseeva
Titelbild und Illustrationen: Elka Horvath

INHALTSVERZEICHNIS

VORWORT FÜR ELTERN

Mit meinem Buch möchte ich besonders Familien mit einem an Depression erkrankten Elternteil ansprechen. Die ständige Zunahme der Neuerkrankungen an psychischen oder seelischen Krankheiten einerseits, andererseits das mangelnde Wissen des Großteils der Bevölkerung darüber machen es dringend notwendig, dass auch Information gegeben wird. Dabei sollte dieses in einer Form und Weise geschehen, um auch Personen ohne höheren Bildungsweg für das Thema zu interessieren und es verständlich zu machen. Erst verstehende Erwachsene sind in der Lage, ihr Wissen an ihre Kinder weiterzugeben.

Psychische Krankheiten sind in unserer Gesellschaft noch immer ein Tabuthema. Sie sind mit einem Stigma behaftet, wobei aus Scham kaum darüber gesprochen wird. Es wird dabei vergessen, dass es jeden Menschen treffen könnte.

Da ich selbst an einer Depression erkrankt war, möchte ich einen Teil meiner Erfahrungen anderen Betroffenen mitteilen. Wie aus dem Titel schon hervorgeht, handelt es sich um ein (Vor)Lesebuch für Kinder unter 10 Jahren. Je nach dem individuellen geistigen Entwicklungs- und Auffassungsstandes des Kindes, gemäß seines Alters, wird besonders in den letzten Kapiteln die Hilfe eines Erwachsenen nötig sein. Nici, die Hauptfigur, erzählt ihr Leben in einem Zeitraum von einem

Dreivierteljahr.

Sie ist fünf Jahre alt und schildert dabei die möglichen Ursachen, den Beginn und die Manifestation der Depression ihrer Mutter. Dabei lernt sie die Vorurteile gegenüber diesen Kranken kennen.

Nici kann ihre Mutter nicht mehr verstehen. Deren Verhaltensänderungen, Gefühls- und Stimmungsschwankungen verunsichern sie. Sie fühlt sich von ihrer Mutter nicht mehr geliebt und vermisst Zuwendung und Geborgenheit. Auch die Verlässlichkeit und das Vertrauen zu ihr schwinden infolge deren Depression. Von ihrem Vater bekommt sie Hilfe und Aufklärung.

Am Genesungsweg der Mutter sieht sie, worauf geachtet werden muss, um gesund zu bleiben.

In den meisten Familien passiert es allerdings, dass die typischen Veränderungen eines depressiven Elternteils anfangs nicht als Krankheit wahrgenommen werden.

Sogar der Kranke selbst sieht sich nicht als krank, sondern eher als total erschöpft und müde. Er meint, nach einem Urlaub sei alles wieder gut. Hilfe beim Arzt zu holen wird immer weiter aufgeschoben. Man denkt, die Symptome seien nur vorübergehend und würden allein verschwinden. Das ist leider anders.

Es beginnt eine Spirale mit weiteren Problemen. Der gesunde Partner fühlt sich ungeliebt und ausgegrenzt. Er kann den Rückzug und die Passivität des Kranken nicht einordnen.

Er sucht die Schuld bei sich oder macht den Kranken zum Schuldigen an der neuen Partner- und Familiensituation.

Viele Familien zerbrechen daran. Jedes Mitglied ist überlastet. Auch Gespräche mit dem Kranken bleiben erfolglos, da dieser anfangs selbst nicht weiß, was mit ihm passiert. Am meisten leiden jedoch die Kinder.

Bekommen sie keine Hilfe und werden mit ihren Fragen und

Sorgen alleingelassen, suchen sie sich allein Erklärungen. In ihren Phantasien finden sie auch welche, wobei noch mehr Kummer erzeugt wird.

In meinem Buch habe ich als Zeitform bewusst das Präsens gewählt. Besonders jüngere Kinder erleben das Vorgelesene im Hier und Jetzt ansprechender und es fällt ihnen leichter, sich mit der Hauptfigur zu identifizieren.

Das einbezogene Spiel mit der Handpuppe habe ich auch aus einem besonderen Grund eingebracht. Erfahrungsgemäß fiel mir auf, dass eine „sprechende" Puppe die Aufmerksamkeit der Kinder uneingeschränkt auf sich lenkt. Mit ihr gelingt es Nicis Vater, sich mit Nici auf gleicher Augenhöhe zu unterhalten bzw. auf gleicher Sprachebene zu kommunizieren.

Nici kann zumindest zeitweise von ihrer Trauer und Sorge um die Mutter abgelenkt werden. Die ernste Lage wird etwas gemildert.

Auch bei schwer zu erklärenden Themen, wie in den letzten Kapiteln, kommt die Puppe zum Einsatz, da mit ihr Gefühle sichtbar gemacht werden können. Das Kind richtet seinen Blick fesselnd auf das Puppengesicht und hört gebannt dem Vater zu, mit dessen Stimme die Puppe zu leben scheint.

Zuletzt möchte ich anmerken, dass die Erklärung über die Seele meiner eigenen, persönlichen Meinung entspricht.

Sie steht nicht dogmatisch. Entsprechend der verschiedenen Religionen und Ideologien hat jeder Mensch das Recht auf seine eigene Vorstellung. Darum möchte ich meine Akzeptanz und Toleranz gegenüber den verschiedensten Interpretationen hervorheben.

Im Textverlauf lasse ich die Hauptfigur im Zweifel, sodass auch noch andere Schlussfolgerungen möglich sind.

DER LETZTE TAG VOR DEM URLAUB

*I*ch bin Nici. Nun, eigentlich heiße ich Nicole, aber alle nennen mich so, weil es kürzer ist und auch lustiger klingt. Nur wenn Mama oder Papa böse auf mich sind, sagen sie meinen richtigen Namen. Das passiert aber selten.

Heute ist der wohl schönste Tag des Jahres für mich, außer Weihnachten, Ostern und meinem Geburtstag. Es ist nämlich der letzte Kindergartentag vor unserem Urlaub! Danach dauert es noch ein Jahr, und ich werde ein Schulkind sein. Zuerst aber kommt unsere Urlaubsfahrt.

Ich freue mich schon so lange darauf! Endlich werden meine Eltern Zeit für mich haben! Da können wir am Strand wieder Sandburgen bauen. Vielleicht darf ich auch wieder das Pony reiten … Ob mich wohl Abby, die Dalmatinerhündin, wiedererkennen wird? Wir verbringen nämlich unseren Urlaub auf einem Bauernhof und fahren jedes Jahr dorthin. Tante Diana sagte auch gestern am Telefon, dass sie nun noch einen Welpen gekauft hätten. Dieser ist erst 8 Wochen alt. Ein richtiges Hundebaby! Ich kann es kaum noch erwarten!

Die Zeit will heute gar nicht vergehen. Aber da kommt schon Frau Weinberger und ruft: „Nici, deine Mama kommt gerade!" Ich verabschiede mich von ihr und sage den anderen Kindern „Tschüss". Kurz werde ich traurig, da ich mich von Natalie, meiner allerliebsten Freundin, verabschieden muss.

Aber ich werde bald wiederkommen und kann dann von meinen Abenteuern erzählen.

Nachdem sich auch Mama verabschiedet hat, nimmt sie meine Hand und wir gehen fröhlich nach Hause. Dabei unterhalten wir uns über die Hunde von Tante Diana. Mama liebt nämlich Tiere genauso sehr wie ich. Leider haben wir keine eigenen. Aber jetzt sind wir so gespannt auf Abby und das Hundebaby. Ich freue mich auch, dass Mama heute so gut aufgelegt ist und sich mit mir freut.

Zu Hause angekommen, legt mir Mama meine Urlaubskleidung zurecht. Ich packe alles in meinen Kinderkoffer und in den Rucksack. Fast hätte ich Jogi, meinen Kuschelbären, vergessen! Er bekommt den obersten Platz im Rucksack und kann gerade noch herausschauen.

„Wo ist mein neuer pinkfarbener Badeanzug? Auch die Badeschuhe und die Schwimmflügel fehlen noch!", rufe ich. Als alle Sachen beieinander sind, quetsche ich sie in den Koffer.

„Das neue Röckchen mit dem passenden Rüschen-T-Shirt und den rosa Sandalen muss unbedingt auch noch rein." Mit Mamas Hilfe bekomme ich den Reißverschluss gerade noch zu.

Während ich mich mit meinem Malbuch beschäftige, packt Mama ihre und Papas Sachen für die Reise zusammen.

Schon ist Zeit zum Abendessen. Ich helfe Mama beim Tischdecken. Gerade sind wir damit fertig, als auch Papa von der Arbeit kommt.

Auch er ist fröhlicher als sonst. Er freut sich wohl auch schon auf morgen.

Meine Eltern beschließen, am nächsten Tag sehr früh loszufahren. Nach dem Essen schicken sie mich ins Bad zum Ausziehen und Zähneputzen. Mama sagt: „Heute musst du ganz zeitig ins Bett, damit du morgen früh auch ausgeschlafen bist!"
– „Ich bin aber überhaupt noch nicht müde", antworte ich.

Mama duscht mich. Danach ziehe ich meinen Schlafanzug an. Mit Gutenachtküssen verabschiede ich mich und gehe in mein Zimmer. Allerdings erinnere ich Papa noch daran, dass er heute mit dem Vorlesen der Gutenachtgeschichte an der Reihe ist.

Papa kommt an mein Bett und beginnt, eine eigene Geschichte zu erzählen. Darin berichtet er, wie er als Kind die Kaninchen aus deren Käfig befreite und welch einen Trubel die Aktion auslöste. „Aber nicht, dass du das bei Tante Diana nachmachst. Denn zwei Hasen haben wir nicht wiedergefunden, einer wurde sogar überfahren!" Mir taten die armen Hasen sehr leid, da waren sie in ihrem Käfig doch sicherer. Ich lege Papa die Arme um den Hals und wir wünschen uns nochmals eine gute Nacht.

Kurz darauf fällt mir ein, dass ich vergessen habe, die Zähne zu putzen. Mama ist gerade in der Dusche. Papa bereitet die Brote für die Fahrt vor. Mama ruft ärgerlich: „Jetzt ist aber Schluss, du hattest doch genügend Zeit! Morgen bekommst du deine Augen vor Müdigkeit nicht auf!"

Papa ist auch wütend: „Nicole, wir brauchen vor der langen Fahrt auch etwas Ruhe, geh sofort wieder ins Bett!" Beleidigt gehe ich ins Bett.

Mama ruft mich kurz danach zum Zähneputzen und sagt: „Jetzt ist es höchste Zeit für den Urlaub, ich brauche unbedingt etwas Erholung!" Das kann ich gut verstehen.

Mama ist in den letzten Tagen ganz weiß im Gesicht. Um die Wette rennen kann sie auch nicht mehr gut. Da gewinne immer ich. Abends geht sie gleich nach mir schlafen.

Ich bereue schon meine Bummelei. Ich bin doch bald ein Schulkind und kein Baby mehr … Als ich endlich mit dem Zähneputzen fertig bin, begleitet mich Mama in mein Zimmer.

Ich lege mich ins Bett. Mama deckt mich zu und ich kuschele mich in meine Decke. Mama sagt: „Nici, ich habe dich sehr lieb, auch wenn ich oft zu wenig Zeit für dich habe. Morgen beginnt unser Urlaub, und wir werden vieles gemeinsam unternehmen können!"

Sie liest mir noch eine schöne Tiergeschichte von einem frechen Hündchen vor und gibt mir noch einen Kuss. Ich drücke sie fest an mich und sage: „Ich freue mich schon lange auf den Urlaub. Endlich werdet ihr den ganzen Tag Zeit für mich haben. Wir können gemeinsam spielen, baden und Ausflüge machen. Werden wir auch in den Freizeitpark gehen?" – „Natürlich, wir möchten schließlich mit der neuen Achterbahn fahren!", antwortet Mama. „Das wird toll …!", murmele ich. Nun bin ich doch sehr müde geworden. Mit dem Rucksack samt meinem Teddy Jogi neben mir schlafe ich ein.

DANN KAM ALLES ANDERS

*W*as ist das für ein lautes Geräusch? Träume ich noch oder bin ich wach?

Gerade als ich meine Augen öffne, sehe ich durch die Ritzen der Jalousie ein starkes blaues, flackerndes Licht. In unserer Wohnung ist es sehr laut. Aus dem Schlafzimmer meiner Eltern höre ich mehrere fremde Stimmen.

Ich bekomme große Angst und fange zu weinen an.

Papa hört mich und kommt in mein Zimmer. Er ist sehr aufgeregt. Er möchte mich trösten, kann aber kaum sprechen. „Was ist passiert? Wo ist Mama?", rufe ich. Ich springe aus dem Bett, laufe an Papa vorbei ins Schlafzimmer.

Dort sind Sanitäter und ein Arzt.

Mama geht es sehr schlecht. Sie bewegt sich nicht. Ihr Gesicht ist noch weißer als gestern, und ich denke, sie ist tot. Ich rufe: „Mama, wach auf! Was ist mit dir los? Ich bin es doch, deine liebe Nici!", aber sie zuckt noch nicht einmal.

Die Sanitäter stechen ihr eine Nadel in den Arm. Durch einen dünnen Schlauch lassen sie Flüssigkeit aus einer Flasche durch die Nadel in Mamas Körper laufen. Dann heben sie Mama auf eine Trage und bringen sie in den Krankenwagen. Sie schalten die schrille Sirene an und brausen mit ihr davon.

Ich weine noch immer.

Als ich Mama so regungslos und bleich liegen sah, musste ich

14

an das Meerschweinchen von Natalie denken. Das ist zu Ostern gestorben.

Wir fanden es morgens in seinem Käfig. Als wir es herausnahmen, bewegte es sich nicht, obwohl die Augen geöffnet waren. Es war ganz kalt und steif.

Natalies Mutter erklärte uns, dass es in der Nacht gestorben sei. Sie sagte, es würde jetzt für immer schlafen und nicht mehr aufwachen. Aber in unseren Gedanken wird es weiterleben, denn wir liebten das kleine Wuschelknäul sehr. Wir weinten und waren sehr traurig darüber.

Auch Mama lag so reglos da. Ich schreie: „Papa, Papa, ist Mama jetzt tot?" Ich klammere mich fest an ihn und wir weinen beide zusammen.

Im Korridor steht unser Reisegepäck. Auch mein Koffer ist dazwischen. Dass wir in den Urlaub fahren wollten, habe ich ganz vergessen. Ich muss jetzt nur an Mama denken. Papa erklärt mir dann, dass Mama nicht tot ist. „Sie ist sehr krank. Im Krankenhaus wird sie operiert und ganz sicher wieder gesund werden."

Draußen ist es noch dunkel. Ich hole Jogi aus dem Rucksack und lege mich zu Papa ins Bett. Er drückt mich fest an sich. Auch sein Gesicht ist noch immer wegen seiner Tränen nass. Er sagt: „Nici, ich möchte versuchen, dir zu erklären, was Mama fehlt. Du weißt, dass sie sehr viel gearbeitet hat und sich keine Zeit zum Erholen nahm. Wir haben auch gesehen, dass sie keinen Appetit und oft Bauchschmerzen hatte. Bei einer Untersuchung im Krankenhaus wurde ein Magenge-schwür festgestellt. Das ist wie ein kleines Gewächs, welches sich im Bauch gebildet hat. Dieses Gewächs blutet jetzt. Davon ist Mama sehr schwach geworden. Deshalb hat sie zuerst die Flüssigkeit aus der Flasche in den Arm bekommen, weil sie schon viel Blut verloren hat.

Mama wird auch gleich operiert werden und heute Nachmittag können wir sie besuchen."

Ich kann nicht wieder einschlafen, sondern überlege, wie es mit Mama in den letzten Wochen gewesen ist.

Papa hat Recht. Mama hat sehr viel gearbeitet. Auch an ihren freien Tagen.

Ich erinnere mich, dass wir vor vier Wochen zu Oma und Opa fahren wollten. Es war schon lange geplant und dann musste Mama arbeiten, obwohl sie frei gehabt hätte.

Wie oft hatte sie mir versprochen, dass wir am Nachmittag nach dem Kindergarten ins Schwimmbad gehen? Ich wartete immer gespannt und konnte zur Mittagsruhe nicht einschlafen, da ich mich schon so sehr auf das Baden freute. Aber Mama kam immer zu spät und ich war sehr enttäuscht.

Einmal war ich die Allerletzte, die von ihrer Mama abgeholt wurde …

Mama erklärte mir dann, dass sie sehr viel Arbeit hatte. Sie ist nämlich Krankenschwester und leitet eine große Station in einem Altenheim. Trotzdem macht es mich sehr traurig, wenn wir wegen ihrer blöden Arbeit alles aufschieben oder ausfallen lassen müssen.

Sie muss doch auch an mich denken! Oder liebt sie mich nicht genug? Vielleicht mag sie die alten Menschen im Heim lieber als mich?

Wenn sie wieder gesund ist, muss ich sie unbedingt danach fragen. Hoffentlich wird sie auch gesund!

Langsam fallen meine Augen zu. Eng an Papa geschmiegt, mit Jogi im Arm, schlafe ich ein. Als ich aufwache, wundere ich mich, dass ich in Mamas und Papas Bett liege. Sofort fällt mir alles wieder ein, und ich suche Papa.

Er ist in der Küche und bereitet das Frühstück vor. Er ruft: „Guten Morgen, meine kleine Prinzessin. Ich habe eine gute Nachricht für dich!" Ich antworte aufgeregt: „Guten Morgen, Papa – sag schnell, weißt du etwas von Mama?" – „Ja, ich habe im Krankenhaus angerufen und der Arzt sagte, dass die Operation gut verlaufen ist und wir sie heute Nachmittag besuchen dürfen."

Ihr glaubt nicht, wie froh ich darüber bin! Vor Freude springe ich mit Papa in der Küche herum. Papa geht es auch wieder besser. Zumindest ist sein Gesicht nicht so traurig und voller Sorgen wie heute Morgen.

Nach dem Frühstück packt er die Koffer wieder aus und legt die Kleidung auf ihre Plätze.

Es bleibt nur mein Koffer übrig. Ich frage: „Papa, soll ich nicht meine Sachen auch gleich auspacken? Ich lege sie auf mein Bett, du brauchst sie dann nur in den Schrank zu legen."

Papa antwortet geheimnisvoll: „Da nun unser Urlaub ausfällt, habe ich mir für dich etwas Schönes ausgedacht. Zuerst möchte ich aber mit Mama darüber reden."

„Unser Urlaub ist mir völlig egal. Hauptsache, Mama wird wieder gesund!", rufe ich. Trotzdem denke ich, ‚Was könnte

Papa sich wohl ausgedacht haben?'

Nach dem Mittagessen gehen wir auf den Spielplatz. Die Sonne strahlt und für den Besuch der Mama ist es noch zu früh. Wir sind ganz allein dort. Die anderen Kinder sind im Kindergarten. Nachdem ich auf allen Geräten geturnt habe, gehen wir langsam zum Krankenhaus. Unterwegs kaufen wir einen schönen Blumenstrauß. An der Anmeldung darf ich fragen, in welchem Krankenzimmer Mama liegt.

Dann gehen wir auf die Suche. Wir finden das Zimmer schnell, und ich klopfe gespannt an die Tür. Vorsichtig öffne ich diese. Gleich im ersten Bett liegt Mama.

Sie erwartet uns schon und freut sich, uns zu sehen. Schnell laufe ich zu ihr und rufe: „Mama, du hast uns so sehr erschreckt, wir hatten ganz große Angst um dich! Mach das bitte nie wieder! Ich werde auch immer artig sein und abends nicht mehr bummeln! Bist du jetzt sicher wieder gesund? Dein Gesicht ist noch immer weiß! Du darfst uns nicht verlassen! Wir brauchen dich doch!"

Ich umarme und drücke sie ganz fest und sage mit weinerlicher Stimme: „Ich liebe dich so sehr!" Auch Mama weint und sagt: „Ich liebe dich doch auch, mein Schatz, ich werde immer bei dir bleiben!", drückt mich und küsst meine Stirn. Auch Papa hat Tränen in den Augen und küsst Mama. Mama erzählt, dass sie von der Operation nichts mitbekommen hat. Sie hat die ganze Zeit geschlafen. Essen kann sie noch nichts. Sie fühlt sich sehr schwach und bekommt viele Spritzen. Allein aufzustehen schafft sie nicht.

Drei Tage wird sie im Krankenhaus bleiben müssen. Dann darf sie nach Hause. Papa hat dann Urlaub und wird sie unterstützen.

ÜBERRASCHUNG:
ICH FAHRE ZU OMA UND OPA

*B*evor wir gehen, fragt Papa sie, was sie dazu meint, wenn er mich zu den Großeltern bringen würde. Die gemeinsame Reise fällt dieses Jahr aus, und er wird mit mir nichts unternehmen können. Er möchte sie nicht allein zu Hause lassen. Mama sagt: „Welch eine gute Idee! Nici, wie gefällt dir dieser Vorschlag?"

Ich bin sofort begeistert. Ich denke auch gleich an die tollen Spiele, welche sich mein Cousin Sven ausdenken kann.

Bei Oma und Opa darf ich auch länger aufbleiben. Sie haben einen großen Garten mit Schaukel und einem Planschbecken. Und neben dem Garten ist ein kleiner Fluss.

Jetzt im Sommer ist wenig Wasser darin und wir könnten mit unseren Gummistiefeln „Expedition" spielen. Ein Schwimmbad ist auch in der Nähe. Mit Svens Eltern könnten wir zum Baden gehen. Ja, diese Idee gefällt mir sehr gut!

Einen Ponyhof gibt es dort auch. Sven fürchtet sich vor Pferden. Aber Opa fährt bestimmt mit mir hin.

Der Schreck von heute Morgen ist schon fast wieder vergessen. Meine Gedanken sind ganz weit weg.

Nur als ich in Mamas bleiches Gesicht schaue, bekomme ich ein schlechtes Gefühl. Ich sage: „Kann ich dich wirklich alleinlassen? Du siehst noch gar nicht gesund aus!" Mama lacht:

„Das kann schon sein. Es wird eine Weile dauern, bis ich mich erholt habe und wieder kräftiger bin. Mach dir deshalb keine Sorgen! Papa ist doch bei mir."

Wir vereinbaren, dass wir jeden Abend telefonieren werden, und verabschieden uns. Nochmals drücke ich sie, gebe ihr einen Kuss und sage ihr, dass sie die allerbeste Mama der Welt ist.

Zu Hause angekommen, ruft Papa gleich bei den Großeltern an und berichtet von Mamas Besserung. Auch sie sorgen sich sehr, seit sie am Morgen erfuhren, was mit Mama passiert war. Jetzt sind sie beruhigt, da alles gut verlaufen ist, und freuen sich auf unser Kommen.

20

Schon morgen will Papa mich nämlich zu ihnen bringen.
Ich freue mich sehr auf Oma und Opa. Meinen Bären Jogi stecke ich wieder zurück in den Rucksack.
Am folgenden Morgen fahren wir nach dem Frühstück los.
Die Fahrt ist langweilig und will kein Ende nehmen. Wir spielen: „Ich packe meinen Koffer und nehme mit …" Papa hat keinen Spaß daran. Also höre ich mir lieber eine Märchen-CD an. Am Nachmittag sind wir endlich dort. Meine Großeltern und Sven erwarten uns schon.
Sie freuen sich, als Papa sagt, dass ich zwei Wochen bleiben könnte.
Am nächsten Tag bin ich ein bisschen traurig, als sich Papa verabschiedet. Er verspricht, dass Mama und er jeden Tag anrufen werden. Das beruhigt mich sehr.
Jetzt stehen mir zwei Wochen Abenteuer mit Sven bevor …
Die erste Woche vergeht schnell. Täglich erleben wir etwas Aufregendes. Opa baut uns ein Zelt im Garten auf. Schade, dass wir nicht dort übernachten dürfen. Ich hätte Sven noch so schöne Gruselgeschichten erzählen können … Es ist trotzdem spannend. Onkel Michael, Svens Papa, baut uns ein richtiges Baumhaus. Sogar mit einer Strickleiter!
Oma und Opa machen interessante Ausflüge mit uns. Wir fahren in eine Höhle, in der eine Theateraufführung stattfindet. Eine Burg besichtigen wir auch. Der Turm ist so hoch, dass mir schwindelig wird.
In der zweiten Woche gehen wir auf einen Ponyhof, in den Zoo und in ein Puppenmuseum. – Und natürlich nochmals ins Schwimmbad! Alles ist so interessant und mit Sven wird es nie langweilig. Kaum fängt die letzte Woche an, ist sie bereits auch fast zu Ende. Schon ist das Wochenende erreicht.
Oma und Opa bringen mich zu meinen Eltern zurück.
Obwohl ich eine Superzeit hatte, bin ich froh, wieder bei

Mama und Papa zu sein. Beide sagen, dass sie mich sehr vermisst haben. Ich freue mich, weil Mama schon viel gesünder aussieht.

Am nächsten Tag müssen wir uns von Oma und Opa verabschieden. An die Abschiede werde ich mich nie gewöhnen, da Oma und Mama immer weinen und ich mit dazu. Gut, dass es Telefone gibt. Früher haben sie Briefe geschrieben und diese waren wochenlang unterwegs. Heutzutage kann man sich beim Skypen sehen, das macht es nicht allzu schwer, wenn die Familie weit entfernt wohnt.

MEIN URLAUB IST ZU ENDE, MAMA BLEIBT NOCH ZU HAUSE

Am Montag geht unser Alltagsleben weiter. Papa fährt zur Arbeit. Mich bringt er vorher in den Kindergarten. Mama kann noch nicht arbeiten gehen. Endlich kann sie mich nachmittags pünktlich vom Kindergarten abholen. Zu Hause hat sie Zeit, mit mir zu spielen. Sonst hatte sie nach ihrer Arbeit immer mit dem Haushalt zu tun, welchen sie jetzt schon erledigt, während ich im Kindergarten bin.

Wir bauen mit den Bausteinen einen Tierpark. Auch mit dem Puppenhaus muss ich nun nicht mehr allein spielen. Mit Mama macht es richtig Spaß! Ich darf sie auch kämmen und schminken. Dafür hatte sie früher keine Zeit und keine Lust.

Es ist so schön, dass ich Mama für mich habe und sie zu Hause nicht noch etwas für ihre Arbeit zu tun hat!

Allerdings gehen auch diese Wochen vorüber, und Mama muss wieder arbeiten gehen.

Einerseits bin ich froh, dass sie wieder ganz gesund ist. Andererseits ist die Zeit zu Ende, in der sie sich viel mit mir beschäftigen konnte und jedes Wochenende zu Hause war.

Einen Monat verläuft unser Leben wie vor Mamas Krankheit. Mama bemüht sich, mich nachmittags rechtzeitig abzuholen. Sie nimmt sich Zeit, um mit mir zu spielen. Wenn ich schlafe, hat sie meist noch etwas für ihre Arbeit zu tun. Im Haushalt hilft ihr Papa. Auch ich helfe ihr.

Ich kann schon kleine Teile der trockenen Wäsche zusammen-
legen.

Auch Tischdecken und das Geschirr in die Spülmaschine räu-
men. Mein Zimmer räume ich sogar auf, ohne dass Mama
mich ermahnen muss.

Meine Eltern loben mich oft, weil ich so fleißig und hilfsbereit
geworden bin. Das freut mich sehr und ich bin stolz, dass ich
so vieles gelernt habe. Wir wollen doch, dass Mama gesund
bleibt!

MAMA VERHÄLT SICH SO ANDERS

Im Herbst beginnt Mama, sich irgendwie zu verändern. Sie ist stiller, erzählt weniger und zieht sich oft ins Schlafzimmer zurück, um allein zu sein. Wenn wir zusammen sind, so lacht sie kaum noch. Sie lacht auch nicht, wenn etwas Lustiges passiert. Wenn ich ihr etwas vom Kindergarten erzähle oder ihr eine Frage stelle, so merke ich, dass sie gar nicht richtig zuhört. Das macht mich sehr traurig.

Mir fällt dann ein, was ich sie schon seit dem Sommer fragen wollte, nämlich, ob sie die alten Leute im Altenheim lieber mag als mich. Das tue ich auch, als mich Mama eines Abends in das Bett bringt. Sie antwortet erschreckt: „Aber Nici, was denkst du nur? Du weißt doch, dass du mein allerliebster Schatz der Welt bist! Wie kommst du denn auf so etwas?"

Ich antworte ihr: „Du hast keine Zeit für mich. Im Sommer hatten wir uns viele Male vorgenommen, in das Schwimmbad zu gehen. Wie oft bist du zu spät gekommen und wir mussten es verschieben! Auch in den Zirkus haben wir es nicht geschafft, weil du länger arbeiten musstest! Papa hast du auch oft enttäuscht, wenn unsere Wochenendpläne ausfallen mussten! Deshalb denke ich, dass du lieber bei der Arbeit bist als mit uns zusammen zu sein."

Betroffen antwortet Mama: „Du weißt, dass wir im Altenheim sehr viel zu tun haben. Wir schaffen unsere Arbeit kaum.

Wenn dann auch noch eine Kollegin krank wird, muss ihre Arbeit trotzdem getan werden. Die Bewohner brauchen ihre Mahlzeiten und müssen tags und nachts versorgt werden. Ohne die Schwestern und Pfleger wären sie hilflos.

Erinnere dich daran, als du noch klein warst. Diese alten und kranken Menschen können nicht mehr allein essen und trinken, können nicht allein auf die Toilette. An- und Ausziehen schaffen sie nicht, können sich auch nicht allein ins Bett legen. Sehr viele von ihnen müssen auch Windeln tragen, die sie sich natürlich auch nicht selber wechseln können.

Möchtest du, dass ich sage: ‚Tschüss, bis morgen!', obwohl ich weiß, dass zum Beispiel noch nicht alle Bewohner ihr Essen bekommen haben?

Also bleibe ich länger und eine andere Kollegin kommt früher zum Dienst, sodass die Arbeit der fehlenden Kollegin erledigt wird. Genauso läuft es am Wochenende. Wenn eine Kollegin krank wird, muss eine andere einspringen, welche gerade frei hat. Darum haben wir schon oft unsere Wochenendpläne verschieben müssen.

Dass ich deshalb die alten Leute lieber haben könnte als dich, stimmt nicht. Ich versuche, dir eine gute Mama zu sein. Ich will aber auch meine Arbeit so erledigen, dass ich ein gutes Gewissen habe. Beides zusammen wird immer schwieriger."

„Das verstehe ich, aber trotzdem sollst du mehr für mich da sein", antworte ich leise.

Etwas lauter sage ich: „Natalies Mama geht nur vormittags arbeiten. Mittags ist sie schon zu Hause. Wenn sie Natalie vom Kindergarten abholt, hat sie schon den Haushalt gemacht und Essen gekocht. Sie hat viel Zeit für Natalie. Am Wochenende muss sie nie arbeiten. So würde ich es mir auch wünschen!"

Mama antwortet nichts. Sie schaut mich nur traurig an.

Im Sommer war Mama sehr krank, dass ich dachte, sie müsste

sterben. Inzwischen arbeitet sie wieder so viel, als sei nichts gewesen. Sie arbeitet, versorgt den Haushalt, kümmert sich um Papa und mich.

Dabei wollte sie es doch anders machen. Sie wollte nicht wieder Arbeit mit nach Hause bringen wie vor ihrer Krankheit.

Ich bemerke, dass sie keine Bücher mehr liest. Das hat sie früher oft getan. Ich habe immer gepuzzelt, während Mama las. Auch die Tageszeitung liest sie nicht mehr.

Wir haben uns früher auch Kindersendungen im Fernsehen gemeinsam angeschaut. Jetzt sagt sie: „Nici, schau es dir allein an, ich bin zu müde." Oder sie schläft während der Sendungen ein. Mama geht auch immer sehr früh ins Bett. Wenn sie freie Wochenenden hat, liegt sie auch nur im Bett oder auf der Couch. Zum Schlittschuhlaufen gehe ich mit Papa allein. Früher waren wir alle drei zusammen und hatten gemeinsam viel Spaß.

Zuerst denke ich, wenn sie so früh ins Bett geht, dass sie dort lesen würde. Einmal schaue ich durch das Schlüsselloch. Es ist aber dunkel im Zimmer. Ich klopfe, öffne vorsichtig die Tür und flüstere: „Mama, schläfst du schon?"

Sie antwortet: „Noch nicht, aber du solltest schon längst schlafen! Komm her, ich möchte dir einen Kuss geben!" Ich gehe an ihr Bett und drücke sie. „Mama, dein Gesicht ist so nass, weinst du?" Sie antwortet: „Ich habe nur eine Wimper im Auge und habe zu stark gerieben."

Das beruhigt mich, sie zieht mich fest an sich, küsst mich und ich gehe zurück in mein Bett.

Am folgenden Samstag hat Natalie Geburtstag. Ich möchte mein neues, hellblaues Kleid anziehen. Mit Petticoat und vielen Schleifen. Das Kleid muss noch gebügelt werden und ich sage es Mama.

Sie verspricht, dass das Kleid zum Geburtstag fertig gebügelt ist. Am Donnerstag wollen wir ein Geschenk kaufen. Mama holt mich nachmittags ab und will mit mir nach Hause gehen. Ich sage: „Mama, wir wollen doch ein Geburtstagsgeschenk kaufen. Ins Einkaufszentrum geht es in die andere Richtung!" – „Oh, das habe ich doch glatt vergessen! Gut, dass du daran gedacht hast!", antwortet sie. An das Bügeln des Kleides muss ich sie auch erinnern.

Eine Woche später sollen wir Geld in den Kindergarten für einen Zoobesuch mitbringen. Das hat sie auch vergessen, obwohl ich es am Abend zuvor noch gesagt habe.

Warum vergisst sie so vieles?

Beim Einkaufen ist es auch schlimm. Kaum sind wir im Supermarkt, weiß sie nicht mehr, was wir kaufen wollen. Ich zähle dann auf: „Milch, Butter, Marmelade, Käse oder Wurst?" Aber Mama sagt: „Nein, das war es nicht." Wir gehen nach Hause, ohne etwas zu kaufen. Auch Papa merkt, dass Mama immer vergesslicher wird. Wie oft vergisst sie, ihm seine Frühstücksbrote vorzubereiten. Die Waschmaschine oder den Herd lässt sie auch oft angeschaltet. So etwas passierte ihr früher nie …

Und dann verhält sie sich auch sonst so komisch.

Zu den Mahlzeiten isst sie nur Joghurt. Sogar Pralinen und Schokolade, welche sie immer liebte, lehnt sie inzwischen ab. Sie hat keinen Appetit und auch keinen Hunger. Man sieht auch, dass sie immer schlanker wird.

Wenn wir uns unterhalten und sie etwas erzählen möchte, beginnt sie den Satz, kann ihn aber nicht beenden, da ihr ein

wichtiges Wort nicht einfällt. Wir beginnen dann, zu raten, oder verstehen nicht, was sie uns sagen möchte.

Mama ist danach immer sehr traurig und geht ins Bad. Dahin geht sie in letzter Zeit auffallend oft. Bei ihrer Rückkehr hat sie immer ein gerötetes Gesicht und rote Augen.

Ich sage zu Papa: „Mama ist immer traurig, ich glaube, sie weint im Bad." Papa möchte mich beruhigen und sagt: „Sie braucht Urlaub, danach wird es ihr besser gehen, vielleicht hat sie auch etwas in ihr Auge bekommen." Das glaube ich nicht!

Nach ein paar Tagen fängt Mama plötzlich während des Abendessens zu weinen an. Sie kann sich nicht mehr beruhigen und legt sich in ihr Bett. Ich bin sehr traurig und weiß nicht, was ich machen kann, damit sie wieder fröhlich wird. Papa lässt mich an diesem Abend nicht mehr zu ihr. Er sagt, Mama braucht jetzt Ruhe.

Vor dem Schlafen erinnert er mich an den nächsten Einkauf. Es ist nicht viel. Da ich noch nicht schreiben kann, male ich mir alle Dinge auf einen Zettel. Diese Idee gefällt Papa gut.

Am Morgen geht es Mama besser. Am Nachmittag gehen wir beide zum Einkaufen.

Als wir alles schon auf dem Laufband der Kasse haben, sucht sie ihr Portemonnaie und kann es nicht finden. In ihrer Tasche ist es nicht. Mama ist ganz aufgeregt. Ich bringe schnell die Sachen wieder in die Regale. Mama wartet schon vor dem Laden. Zu Hause angekommen, finde ich das Portemonnaie auf dem Telefontisch. Wir sind froh, dass es nicht verloren gegangen ist. Zum Spielen mit mir hat Mama schon lange keine Lust mehr. Sie ist nur immer müde.

Erzähle ich etwas, so scheint sie sich nicht dafür zu interessieren. Sie passt einfach nicht auf. Und einmal läuft sie bei roter Ampel mit mir auf die Straße. Aber ich rufe noch: „Halt, Mama, es ist doch Rot! Wir müssen stehen bleiben!" Erschreckt springt sie mit mir zurück.

MAMA IST WIEDER KRANK
UND MUSS IN EINE KLINIK

Am nächsten Nachmittag warte ich vergeblich auf Mama. Frau Weinberger sagt, meine Mama sei krank und mein Papa würde mich heute abholen. Was ist nur mit Mama los?

In den letzten Wochen hat sie sich so sehr verändert! Sie sieht zwar noch aus wie immer, aber sie benimmt sich so anders.

Muss sie wieder operiert werden? Ich bekomme wieder große Angst.

Dann kommt endlich Papa. Er weiß auch nichts Genaues und hat wieder sein „Sorgengesicht". Zu Hause finden wir Mama weinend im Bett. Papa ruft den Arzt und dieser gibt ihr eine Spritze. Wir verhalten uns ganz still, damit Mama schlafen kann.

Ich höre, wie der Arzt zu Papa sagt, dass Mama längere Zeit nicht arbeiten gehen könne und er sie in einer Spezialklinik anmelden werde. Auch werde er ihr Medikamente verordnen, die sie regelmäßig einnehmen müsste. Er telefoniert mit der Klinik und sagt, dass schon übermorgen ein Platz in der Tagesklinik frei würde.

Nachdem der Arzt gegangen ist, ist es mucksmäuschenstill in der Wohnung. Papa und ich flüstern nur, und wir gehen ins Kinderzimmer, um Mama nicht zu stören. In der folgenden Stunde unterhält sich Papa mit mir. Super ist auch, dass er dazu Mamas neue Handpuppe namens „Jule" holt, welche sie für die Arbeit mit den kranken Menschen im Altenheim gekauft hat. Mit der Puppe gelingt es ihm, meine Traurigkeit zu verscheuchen. Mit ihr erklärt er mir, wie wir die Wochen ohne Mama zurechtkommen werden. Gebannt sehe ich dabei in das sommersprossige Puppengesicht und lausche der Stimme.

Diese Puppe ist so interessant und Papa kann geschickt mit ihr umgehen. Sie ist so groß wie ein Kleinkind. Papas rechte Hand steckt in einer Öffnung hinten am Hals der Puppe. So kann er deren Mund, Zunge und Kopf bewegen. Seine linke Hand steckt in ihrem linken Ärmel und bewegt deren Arm. Mit seiner Stimme scheint die Puppe lebendig geworden zu sein. Das sieht so echt aus, dass ich nicht wegsehen kann.

Es kommt mir vor, als ob ein kleines lustiges Mädchen zu mir spricht. Wenn sie den Kopf bewegt, so fliegen ihre langen Seitenzöpfe wie zwei buschige Schwänze hin und her. Sie sieht so lieb aus, und ich vergesse meine Besorgnis.

Ich frage Jule: „Was ist eine Tagesklinik? Muss sie nur einen Tag dortbleiben?"

Darauf Jule: „Nein, die Behandlung dauert mehrere Wochen, aber deine Mama wird zu Hause schlafen. Sie wird morgens zur Klinik fahren. Am Abend wird sie wieder zu Hause sein. Auch am Wochenende ist sie den ganzen Tag hier."

Ich: „Oh, da bin ich aber froh! Ich habe schon Angst gehabt, dass ich Mama mehrere Wochen nicht sehen würde! Im Sommer, als ich bei Oma und Opa war, hatte ich manchmal auch etwas Sehnsucht. Oma sagte aber, dass Mama und Papa gegenseitig auf sich aufpassen und niemand allein ist. Oma und Opa waren immer für mich da. Die zwei Wochen bei ihnen waren so schnell vorbei …"

Jule: „Ich freue mich auch, dass es die Tagesklinik gibt. Es hätte mich auch sehr traurig gemacht, wenn sie in der Klinik hätte bleiben müssen. Trotzdem müssen wir sehen, wie wir ohne Mamas Hilfe zurechtkommen."

Papa hat sich gedacht, dass er Natalies Mama bitten wird, mich nachmittags zusammen mit Natalie vom Kindergarten abzuholen. Das wäre auch toll für mich. Dann könnte ich noch länger mit meiner besten Freundin zusammen sein und noch mehr Zeit zum Spielen mit ihr haben.

Morgens würde er mich zum Kindergarten bringen und nachmittags bei Natalies Eltern abholen. Auf dem Weg dorthin könnte er dann auch noch schnell einkaufen.

Hoffentlich ist Natalies Mama damit einverstanden. Bisher war Natalie oft bei uns, wenn ihre Mama etwas zu erledigen hatte.

Jule: „Nici, das schafft ihr doch! Ich weiß, dass du inzwischen schon bei vielen Dingen im Haushalt helfen kannst!"

Ich: „Natürlich, seit Mama krank ist, habe ich ganz viel gelernt. Mama soll viel Zeit haben, damit sie bald gesund wird!"

Jule streichelt meine Wange und sagt: „Ich wusste doch, dass ich mich auf dich verlassen kann. Deinem Papa und dir ist es bisher gelungen, trotz Mamas Krankheit eine glückliche Familie zu sein. Wenn jeder seinen Beitrag leistet, könnt ihr jedes Ziel zusammen erreichen. Ihr beiden tut alles, um Mama zu helfen, wieder gesund zu werden."

Ich umarme Papa samt Jule und antworte: „Ich weiß, Papa, wir sind ein tolles Team. Mama soll sich am Abend nur noch ausruhen. Vielleicht bleibt dir auch ein wenig Zeit für mich zum Vorlesen. Mit vielen Dingen kann ich mich auch selbst beschäftigen. Bei meinen Puzzles und Steckspielen mag ich auch gern allein sein und möchte nicht gestört werden. Außerdem, jetzt, im letzten Kindergartenjahr, zähle ich schon zu den Großen!"

Papa küsst mich auf die Stirn und sagt: „Ich bin sehr stolz auf dich. Du bist sehr klug und fleißig. Ich habe dich sehr lieb und bin sehr glücklich, dass ich dich habe. In dieser schwierigen Zeit bist du mein Glücksstern!"

„Du bist der beste und allerliebste Papa der Welt und wir schaffen alles, damit Mama wieder gesund wird", antworte ich zuversichtlich.

Die nächsten Wochen vergehen sehr schnell. Es funktioniert alles, wie es Papa geplant hat. Mama ist abends sehr ruhig. Sie redet nicht viel, ist sehr müde und geht zeitig zu Bett.

Sie weint nicht mehr so oft und falls doch, so kann sie sich nach kurzer Zeit wieder beruhigen. Manchmal lächelt sie auch wieder, wenn wir etwas Lustiges erzählen.

MEINE MAMA IST NICHT VERRÜCKT, SIE IST DEPRESSIV!

Trotz ihrer Fortschritte bin ich nicht richtig froh.
Als ich heute mit Natalie im Wohnzimmer ihrer Eltern spiele, höre ich, wie diese sich in der Küche unterhalten.
Ihr Papa fragt ihre Mama: „Wie lange muss Nicis Mutter eigentlich noch in der Klinik bleiben?"
„Keine Ahnung, vielleicht nochmals vier bis sechs Wochen?", antwortet Natalies Mama. Darauf der Papa: „Was wird dort mit den Verrückten gemacht, wenn das so ewig dauert?" Ich springe auf und schreie: „Meine Mama ist nicht verrückt, sie ist nur depressiv!"
Ich bin sehr aufgebracht und stampfe laut mit den Füßen auf. Vor Zorn fange ich zu weinen an und will sofort nach Hause.
Natalies Mama kommt zu mir und nimmt mich in ihre Arme.
„Bitte, Nici, Natalies Papa weiß nicht, welche Krankheit deine Mama hat. Er kennt sich damit nicht aus.
Äußerlich sieht man deiner Mama keine Krankheit an. Aber das heißt nicht, dass sie verrückt ist. Du sagst, sie sei depressiv. Weißt du, was das bedeutet?"
Ich schüttele den Kopf und sage: „Na ja, sie ist immer so traurig und müde. Sie kann sich nichts merken und weint sehr viel. Sie lacht nicht mehr und spielen will sie auch nicht mit mir. Sie ist ganz anders als früher."

„Siehst du, du weißt schon einiges über die Depression. Ich werde deinem Papa sagen, dass er dir Mamas Krankheit richtig erklären soll!"

Kaum hat sie es ausgesprochen, klingelt es schon an der Tür und Papa kommt, um mich abzuholen. Natalies Mama spricht kurz mit ihm über den Vorfall. Auch ihr Papa entschuldigt sich.

Ich bin trotzdem noch wütend auf ihn.

Zu Hause angekommen, lasse ich Papa keine Ruhe mehr. Ich will unbedingt mehr über diese seltsame Krankheit erfahren.

WAS HEISST EIGENTLICH
„VERRÜCKT SEIN"?

*W*arum sagte Natalies Vater, Mama sei verrückt? Mama ist doch nicht verrückt!

Noch nie habe ich gesehen, dass sie etwas Verrücktes getan hätte! Im Zirkus, der Clown, der hatte ganz verrückte Dinge gemacht. Er konnte Saltos und Kunststücke vorführen. Eine Ente hatte er so dressiert, dass sie auf einem echten Schwein reiten konnte! Ja, das war verrückt.

Oder als ich mit Natalie vom Kachelofen ihres Wohnzimmers auf die Bettdecken sprang, die wir vor den Ofen gelegt hatten, um uns bei der Landung nicht wehzutun.

Ihre Mutter erwischte uns und schrie, ob wir denn verrückt seien.

Auch Oma sagte es zu Sven, als er einen Igel mit zu ihr nahm und ihn auf der Küchentheke absetzte. Der Igel hatte nämlich viele schwarze Flöhe …

Mama würde niemals solche Dinge tun!

Sie benimmt sich nur anders als vor ihrer Krankheit …"

Papa erwidert: „Du hast völlig Recht. Die meisten Menschen sagen ‚verrückt', wenn eine Sache oder eine Person anders als gewöhnlich ist. Auch wenn jemand etwas Unüberlegtes tut, ohne die Folgen zu beachten, oder auch unsinnige Dinge tut. Manchmal können uns auch diese Dinge Angst machen. Es kann vorkommen, dass diese Menschen grundlos laut brüllen und um sich schlagen. Ihre Gefühle können außer Kontrolle geraten. Wieder andere bekommen Krämpfe. Umgangssprachlich benutzen viele Menschen auch das Wort, um den Verstand von jemandem zu beschreiben. Etwa wie jemand sei dumm, blöd oder doof. Sie meinen damit das Gegenteil von klug. Oder man sagt, ‚Der/die ist nicht mehr richtig im Kopf.' Das hast du sicher schon gehört. Die Kinder hören diese Worte, sprechen sie nach, ohne deren Bedeutung zu wissen.

Erwachsene geben schnell ein Urteil ab. Dabei verstehen die meisten gar nichts von Krankheiten. Sie meinen, wenn der Körper gesund sei, und der Kranke andere Auffälligkeiten zeige, so sei er eben verrückt. Sie kennen weder die Hintergründe noch den Schmerz, den sie bei dem Betroffenen auslösen.

Deshalb sollte sich niemand das Recht nehmen dürfen, andere damit zu beschimpfen oder zu beleidigen, schließlich kann jeder Mensch krank werden."

„Wenn ich mich mit Natalie streite, dann habe ich auch schon zu ihr gesagt: ‚Du bist doof.' Sie aber auch zu mir. Dabei sind wir gar nicht doof. Frau Weinberger lobt uns immer, weil wir beide nämlich schon vieles wissen.

Aber Mama ist doch sehr klug, also kann sie doch gar nicht verrückt sein! Was hat sie nur?", frage ich verzweifelt.

WAS FEHLT MAMA?
WAS BEDEUTET SEELE?

*W*eißt du, Nici, wenn sich jemand den Arm gebrochen hat oder einen Wundverband trägt, so ist seine Krankheit leicht zu verstehen. Jedermann sieht, wo er am Körper verletzt ist.

Wir Menschen bestehen aber nicht nur aus unserem Körper, wir besitzen auch noch unsere Seele. Die Seele, ein anderes Wort dafür ist die Psyche, ist für uns unsichtbar. Das macht es auch so schwer, sie zu verstehen. Sie macht unseren Körper lebendig. Erst mit ihr können wir leben. Die Seele macht unser ‚Ich' und somit unser ‚Selbst'.

Wir wissen, dass sie für das Denken, Fühlen, Wahrnehmen und Handeln verantwortlich ist.

Sie stellt die Verbindung zur Umwelt her. Mit ihr sind wir erst in der Lage, uns mit der Umwelt auszutauschen.

Sie ist für uns genauso wichtig wie die Festplatte für den PC oder das Innere des Handys für dessen Funktion. Unsere Seelen ermöglichen es uns, dass wir beide uns unterhalten können. Ich dir etwas erklären kann, du es aufnehmen und überlegen kannst und mir Fragen stellst.

Nun kann aber die Seele ebenso wie der Körper auch krank werden. Mamas Krankheit ist eine Erkrankung der Seele.

Weißt du, in welchem Körperteil sich die Seele befindet, von

wo aus der Körper gesteuert wird?" Ich antworte: „Im Kopf?"
Papa erwidert: „Richtig. Im Kopf, also im Gehirn, ‚wohnt' die
Seele. Durch die Nerven wird das Gehirn mit den Organen
und Muskeln verbunden. Diese funktionieren wie dünne Lei-
tungen. Durch sie werden Nachrichten vom Gehirn zum Or-
gan oder Muskel hin- und auch zurück übermittelt."
„Jetzt weiß ich, warum man nicht gleich von außen sieht, dass
Mama krank ist!", rufe ich.
Papa spricht weiter: „Viele Menschen können die Krankheiten
der Seele nicht unterscheiden. Für sie bedeutet eine seelische
Krankheit, ‚verrückt' zu sein.
Dabei gibt es Hunderte von seelischen Krankheiten, bei denen
die Betroffenen anders sind als gewöhnlich.
Sie benehmen oder bewegen sich anders oder ihre Sprache,
ihr Denken, ihre Gefühle und ihre Wahrnehmungen entspre-
chen nicht unserer Normalvorstellung.
Es kommt auch vor, dass sie Dinge sehen, riechen, schmecken
oder auch Berührungen der Haut fühlen, was nur in ihren
Köpfen, ihren Vorstellungen passiert. – Ungefähr so, wie du
deine Träume erlebst. Nach dem Aufwachen weißt du, dass
es nicht in Wirklichkeit geschehen ist, sondern nur in deinem
Traum. Manche Kranken können nicht die Wirklichkeit vom
Traum unterscheiden.
Wie z. B. unsere Nachbarin Frau Zweigel. Sie kann ruhig neben ihrem Mann auf der Bank vor dem Haus sitzen. Manchmal fängt sie plötzlich zu schreien an, da sie in ihrer Vorstellung einen riesigen Hund auf sich zuspringen sieht. Sie hört
erst auf, nachdem ihr Mann sie überzeugt hat, dass kein Hund
in der Nähe ist."
Ich sage: „Ich war auch einmal mit dabei. Sie schrie ganz
fürchterlich, dass ein großer Hund sie anspringen wolle, aber
wir haben keinen gesehen.

Sind solche Erkrankungen der Seele eigentlich auch ansteckend? Als Natalie im letzten Jahr Gelbsucht hatte, war sie auch im Krankenhaus. Sie fehlte lange im Kindergarten. Besuchen durfte ich sie auch nicht."

„Du brauchst keine Angst vor Ansteckung zu haben. Diese Krankheiten sind nicht ansteckend."

„Da bin ich froh, ich habe schon gedacht, wir beide würden auch diese ,Traurigkeitskrankheit' von Mama bekommen, weil wir uns vielleicht angesteckt hätten!"

„So, meine Kleine, ich glaube, dass du heute schon genug erfahren hast. Wir werden morgen weiter reden. Ich bereite schnell das Abendessen vor, denn es ist schon sehr spät geworden."

Ich bin auch müde. Es ist doch sehr schwierig und anstrengend, diese Sache mit der Seele zu begreifen. Als ich im Bett bin, komme ich nicht mehr zum Nachdenken. Heute ist zu viel passiert und ich habe viel Neues erfahren. Kaum habe ich den Gutenachtkuss von Papa bekommen, schlafe ich ein.

WAS MACHEN GEFÜHLE?

$\mathcal{A}$m Morgen weckt mich Papa und sagt, dass er heute Urlaub hat. Er möchte mit mir in das Hallenbad. Wie ich mich freue! Ich sage: „Das ist ja ganz toll, endlich kann ich dir zeigen, wie ich vom Beckenrand springen und tauchen kann!" – „Ich bin schon sehr auf deine Fortschritte gespannt. Es wird auch Zeit, dass wir wieder einmal zum Schwimmen gehen. Vielleicht geht Mama in ein paar Wochen auch wieder mit! Vorher wollen wir uns noch unterhalten." Nach dem Frühstück setzen wir uns im Wohnzimmer auf die Couch. Jule, die Puppe, ist auch dabei.

„Weißt du eigentlich, was Gefühle sind und was sie machen?", fragt Jule mit Papas Stimme.

„Sie sind ein wichtiger Teil der Seele. Verschiedene Gefühle kenne ich schon. Es gibt Tage, da bin ich lustig, fröhlich und lache viel. An anderen Tagen bin ich schlecht gelaunt und alles wird mir zu viel. Ich mag dann nicht in den Kindergarten gehen. Wenn ich traurig oder enttäuscht bin und mein Gefühl nach außen zeige, kann ich von dir oder Mama getröstet werden. Im Kindergarten sieht Frau Weinberger sofort, wenn ich Kummer habe. Sie fragt dann immer, was mich bedrückt. Auch die anderen Kinder sehen gleich, was ich fühle. So wie ich ihre Gefühle spüren kann. Wenn ich mich freue, so sieht es jeder und kann sich mit mir freuen.

Wenn Natalie traurig ist, so kann ich ihr helfen, weil ich das Gefühl kenne und es ihr ansehe. Aber es gibt auch Gefühle, welche nach außen sichtbar werden, obwohl ich es nicht möchte. Wenn ich mich schäme, bekomme ich ein knallrotes Gesicht. Jeder sieht es und es ist mir sehr peinlich.

Oder als ich noch nicht gut schwimmen konnte. Ich wollte wie Natalie vom Beckenrand des Schwimmbades ins Wasser springen, hatte aber solche Angst, dass ich zu zittern begann und mich setzen musste. Mich ärgert dann, dass ich diese Gefühle nicht verstecken kann."

„Deine Beobachtung stimmt genau. Die körperliche Reaktion zeigt das Gefühl der Person. Wenn du dich freust, lachst du, springst oder tanzt umher."

Jule zeigt ein lachendes, fröhliches Gesicht und wirft die Hände in die Höhe. Dann spricht sie: „Hast du Kummer, dann bist du traurig und weinst. Oder du zappelst vor Aufregung. Als du letzte Woche zornig warst, so hattest du ein gerötetes Gesicht und hast vor Wut dein Puzzle zerstört." Dabei spielt Papa meine verschiedenen Gefühle mit der Puppe vor.

Lustig, wie sie nicht nur ihre Gesichtszüge verändern kann. Ihr ganzer Körper kommt in Bewegung. Dann sagt Papa:

„Deine Beispiele zeigen deutlich, wie die Seele durch deine Gefühle auf deinen Körper wirkt und beides gemeinsam arbeitet.

Im Normalfall, wenn Seele und Körper gesund sind, sind es nur kurze Reaktionen des Körpers, die nach Beseitigung der Ursache wieder verschwinden.

Der Kummer vergeht und du wirst wieder fröhlich. Das zerstörte Puzzle tut dir leid. Sogar in unserer Vorstellung entstehen Gefühle.

Denke nur daran, wie Sven sich bei Oma im dunklen Garten fürchtete, da er sich vorstellte, dass hinter jedem Busch ein

Monster hocken würde. Als ihr mit der Taschenlampe nachgesehen hattet, merkte er, dass kein Grund zur Furcht bestand."
„Das war nicht schwer zu verstehen, weil ich viele Gefühle auch sehen kann.
Auch wenn ich die Seele nicht sehe, sehe ich doch, was sie tut.
Die Gefühle werden von ihr gemacht, also ist sie da."
Papa sagt: „Siehst du, heute hast du wieder etwas erfahren. Morgen geht es weiter. Jetzt gehen wir zum Schwimmen!"

WAS IST EINE DEPRESSION?

Die Bedeutung des Gleichgewichtes zwischen Körper und Seele

*A*m nächsten Vormittag bin ich schon ungeduldig und kann kaum das Gespräch mit Papa erwarten. Er hat noch Urlaub und am Nachmittag möchte er mit mir zum Eislaufen gehen.

Unbedingt will ich jetzt aber wissen, wie alles mit Mamas Depression zusammenhängt. Über Mamas Krankheit hat Papa bisher noch nicht viel geredet.

Ich frage ihn: „Was bedeutet nun Mamas Depression? Sie ist in den letzten Wochen doch nur traurig gewesen. Warum wurde sie nicht wieder fröhlich? Wir haben uns doch so große Mühe gegeben, ihr zu helfen. Ihre Medikamente hat sie auch eingenommen und trotzdem musste sie noch in die Tagesklinik!"

„Die Depression ist eine von vielen seelischen Erkrankungen. Sie zu heilen ist nicht einfach. Mama braucht zu ihren Medikamenten noch andere Behandlungsarten, welche nur in der Klinik möglich sind.

Du hast bei Mama bemerkt, dass sie sich nichts mehr merken kann, oder auch beim Sprechen ihr bestimmte Worte nicht einfallen.

Sie kann sich auch nicht mehr freuen oder etwas lustig finden. Und obwohl sie immer müde ist, kann sie trotzdem nicht schlafen."

„Wenn die Ärzte ihre Seele geheilt haben, ist sie dann gesund und wieder froh?"

Papa antwortet nachdenklich: „So einfach ist das nicht mit der Heilung. Mama muss dazu selbst mit beitragen und vieles in ihrem Leben ändern.

Wie ich dir schon erklärte, besteht der Mensch aus seinem Körper und seiner Seele. Um gesund zu sein, muss es beiden gut gehen.

Der Körper und die Seele stehen dann im Gleichgewicht. Etwa so, wie du und Natalie auf der Wippe, da ihr beide das gleiche Körpergewicht habt.

Wenn der Körper aber längere Zeit krank ist, z. B. Mama mit ihren Rückenschmerzen oder ihren Bauchschmerzen wegen des Magengeschwürs, kann es auch zur Erkrankung der Seele kommen. Das Gleichgewicht ist dann so sehr gestört, dass eine baldige Besserung der körperlichen Beschwerden nicht möglich ist. Dabei wurde ihre Seele krank.

WARUM IST ERHOLUNG WICHTIG?

*D*ie körperlichen Krankheiten hätten Mama warnen sollen, besser auf sich achtzugeben und sich auch Ruhepausen zu gönnen.

Stattdessen hat sie wieder viel gearbeitet, als sie nach dem blutenden Magengeschwür gesund war. Viel Arbeit und keine Erholung bedeuteten, dass sie alle Energie verlor.

Ähnlich wie beim Handy, wenn ich vergesse, den Akku aufzuladen. Das verstehst du doch? Auch die Menschen müssen wieder Kraft schöpfen.

Sie müssen ihre Akkus aufladen, um gesund zu bleiben und um richtig funktionieren zu können. Vergessen sie vor lauter Arbeit, diese neu aufzuladen, wird entweder zuerst der Körper krank oder bestimmte Gefühle verursachen körperliche Schmerzen, bis man richtig krank ist.

„Das mit den Akkus verstehe ich. Weißt du, mein kleines Plüschhündchen lief immer langsamer und zuletzt gar nicht mehr, bis Mama die Batterien wechselte."

„Siehst du, das hast du sehr gut verstanden! Dein Beispiel ist ausgezeichnet!"

„Und wenn ich viel gespielt habe, im Kindergarten nicht einschlafen konnte, so wurde ich so müde, dass ich abends vor der Gutenachtgeschichte schon einschlief.

Am nächsten Morgen war ich wieder frisch und munter, weil

ich mich gut erholt hatte. Mein Akku war dann wieder aufgeladen. Mama hat nie an ihren Akku gedacht, sie hat immer gearbeitet, auch wenn ich schon schlief oder am Wochenende ... Als ich noch kleiner war, ist sie noch oft in das Sportstudio gegangen. Da hatte sie mich mitgenommen. Dafür hat sie schon lange keine Zeit mehr. Auch mit ihren Freundinnen trifft sie sich nicht mehr. Sie ist immer beim Arbeiten oder zu Hause."
Papa antwortet nachdenklich: „Ja, Mama muss vieles in ihrem Leben ändern."
Ich überlege und frage: „Aber warum können Gefühle meinen Körper krank machen? Was passiert, wenn ich große Angst habe oder sehr ärgerlich bin?"
„Weißt du noch, letztes Jahr vor der Theateraufführung im Kindergarten, du warst so aufgeregt und ängstlich, dass du erbrechen musstest. Als die Aufführung dann vorbei war, war dein Bauchweh weg. Oder Opa, er war so verärgert, weil ihm jemand den Autospiegel kaputt machte, dass er davon Herzschmerzen bekam und ins Krankenhaus musste.
Hier siehst du, wie eng Seele und Körper miteinander verbunden sind. Die Seele hat mit dem Gefühl der Angst, oder bei Opa dem Ärger, die Schmerzen im Körper ausgelöst.
Umgekehrt kann es auch sein, dass von kranken Körperteilen ausgehend das Gleichgewicht zur Seele gestört ist und eine seelische Erkrankung wäre die Folge."
„Wie bei Mama. Zuerst hatte sie die Bauch- und Rückenschmerzen, dann hat sie sich verändert und wurde so traurig ..."
„Genau, sie hat ihre Freude verloren und wurde depressiv. Sie hat keine Energiereserve mehr. Ihr Körper und ihre Seele sind total erschöpft. Ihr Akku ist nicht nur leer, sondern auch defekt. Um wieder gesund werden zu können, muss ihr Akku erst repariert werden, danach kann er geladen werden. Dazu braucht sie die Medikamente und Behandlungen in der Klinik."

„Warum braucht sie Medikamente?"

„Bei einer Depression kommt es zur Veränderung von Vorgängen im Gehirn. Ähnlich der Nachrichtenübertragung vom Computer zum Drucker. Ist die Übertragung gestört, so können keine Daten oder nur Fehlerhaftes gesendet werden. Der Drucker funktioniert nicht richtig.

Bei Depressiven ist es ähnlich. Ein depressiver Mensch nimmt nur Negatives oder Schlechtes wahr. Für sie erscheint die Umwelt grau und trüb, auch wenn die Sonne scheint und die Blumen blühen. Sie verschließen sich, haben keinen Lebensmut mehr, sehen ihre Umgebung und die Zukunft nur düster und schwarz. Gute Gefühle wie Freude können sie nicht spüren."

„So wie Mama, wenn sie sich ins Schlafzimmer zurückzog? Da wollte sie allein sein und von uns nichts wissen. Ich dachte doch anfangs, sie sei böse auf mich. Dabei bin ich doch ganz brav, seit sie krank ist."

„Richtig, du weißt aber inzwischen, dass sie dich immer liebt, auch wenn sie es nicht immer zeigen kann."

„Wann kann sich Mama wieder richtig freuen?"

„Um die Datenübertragung im Gehirn zu normalisieren, müssen Medikamente eingenommen werden."

„Das heißt, die Medikamente reparieren den Akku. Dann muss er aber noch aufgeladen werden ..."

„Mit den verschiedenen Behandlungen in der Tagesklinik wird Mama geholfen, ihren Akku aufzuladen."

„Was macht man da mit ihr?"

„Sie lernt zum Beispiel, wie sie ihre Muskeln entspannen und lockern kann, wie sie sich ausruhen und von ihrer Arbeit erholen kann.

In Gesprächen lernt sie, dass sie nicht immer alles leisten muss, dass sie auch Fehler machen darf. Dass sie auf sich achten muss, um wieder ein Gleichgewicht zwischen Körper und

Seele zu bekommen.

Sie lernt auch, wie wichtig und wertvoll Freunde und Familie sind und vieles mehr."

„Ich weiß auch schon etwas Spannendes. Mama hat es mir letztes Wochenende vorgeführt. Sie haben dort auch Sportstunde. Sie hat mir Tai-Chi und Yoga-Übungen gezeigt.

Die Kunsttherapie finde ich auch toll. Hast du das Kätzchen gesehen, das sie aus Ton geformt und dann mit Farbe angemalt hat? Oder die schönen bunten Bilder? Ich hätte nicht gedacht, dass sie so gut malen kann!

Sie sagte, früher hätte sie sehr viel gemalt. Später fehlte die Zeit. Sie hat sich schon vorgenommen, wieder einem Hobby nachzugehen. Ich werde sie daran erinnern!"

„Siehst du, mein Schatz, du hast heute sehr viel gelernt und weißt, worauf Mama in Zukunft achten muss. Jetzt ist aber Schlafenszeit!"

Puh, das war heute nicht leicht zu verstehen. Jetzt vor dem Einschlafen muss ich noch einmal über Papas Erklärung über die Seele nachdenken. Ist doch klar, ohne meine Seele könnte ich nicht denken und fühlen, nicht sprechen, nichts sehen, nichts riechen, nichts hören, auch bewegen könnte ich mich nicht.

Mein „Ich" gäbe es nicht. Oder etwa doch?

Es ist so kompliziert mit den Sachen, die zwar irgendwie da sind, aber für uns nicht sichtbar. Mit dem Handy ist es ähnlich. Wir können in der ganzen Welt telefonieren, ohne Leitungen oder Kabel. Ich freue mich schon sehr auf die Schule. Dann lerne ich, diese Geheimnisse zu verstehen. Später, wenn ich groß bin, werde ich Forscherin. Es gibt noch sehr vieles zu entdecken und zu erforschen. Morgen werde ich Natalie fragen, was sie über die Seele weiß.

Das Allerwichtigste für unsere Gesundheit ist, dass unser Körper und unsere Seele im Gleichgewicht stehen.

Wie beim Handy muss unser Akku auch rechtzeitig aufgeladen werden.

Wenn wir nicht auf uns achtgeben, unseren Akku völlig leer werden lassen, so geht er kaputt und es dauert lange, bis er wieder heil und aufgeladen ist. Manchmal passiert es auch, dass der Mensch schon so schlimm krank geworden ist, dass sein Akku nicht mehr repariert werden kann und er nicht mehr gesund wird.

Deshalb müssen wir immer darauf achten, dass wir uns auch Erholung, Entspannung und Ausgleich von der Arbeit gönnen. Ohne das wird unsere Seele oder der Körper, vielleicht auch beides zusammen, krank.

Sport und ein Hobby, welches Spaß und Freude bereitet, sind sehr wichtig. Ebenso aber auch eine unterstützende, liebevolle und verständige Familie. Und nicht zuletzt das Treffen mit Freunden, die auch in schweren Situationen zu uns halten und bei denen wir Zuspruch und Hoffnung bekommen.

MAMA HAT AUS IHRER KRANKHEIT GELERNT

*M*ama war noch zwei Monate in der Tagesklinik. Inzwischen ist sie schon vier Wochen zu Hause. Einmal pro Woche muss sie noch zur Behandlung. Jetzt muss sie aufpassen, dass sie nicht noch mal die gleichen Fehler macht wie letztes Jahr.

Wie ausgetauscht ist sie. Genauso, wie ich es mir immer wünschte. Sie ist wieder fröhlich und lacht. Natalies Mama ist ihre beste Freundin geworden. Wir unternehmen viel gemeinsam. Das freut uns Kinder sehr, denn es geht immer lustig zu. Auch hilft Mama im Kindergarten bei der Vorbereitung der Weihnachtsfeier. Ich bin mächtig stolz auf sie, da sie mit unserer Gruppe ein Märchen einstudiert.

Am Wochenende fahren wir mit Papa zum Weihnachtsmarkt. Wir freuen uns schon sehr, besonders auf die leckeren Lebkuchen. Mama mag auch wieder feine Süßigkeiten. Sie hat ihren Appetit zurück.

Plätzchen haben wir auch schon gebacken. Bloß ist die Keksdose schon fast leer … Weihnachten kann ich kaum erwarten, da Mama in diesem Jahr nicht arbeiten muss und mit uns feiern kann. Oma und Opa werden auch kommen und zu Silvester ist Mama auch noch zu Hause. So war es noch nie …

Und was meint ihr, was ich bekommen werde?

Meine Eltern werden mir ein kleines Meerschweinchen schenken! Ich wollte schon immer gern ein
Haustier haben. Mama auch. Am liebsten einen Hund, mit dem man spazieren gehen kann. Papa meint aber, einen Hund kann man nicht lange alleinlassen. Es würde ihm langweilig und einsam werden und dann würde er jaulen. Das möchte ich nicht. Das Meerschweinchen können wir in einer Transportbox mit in den Urlaub nehmen und es kann auch längere Zeit allein bleiben. Im neuen Jahr wird Mama wieder arbeiten gehen. Aber nur noch an drei Tagen pro Woche.
Nie mehr wird sie Arbeit mit nach Hause bringen. Nach Feierabend wird sie nur noch für mich, Papa und für sich Zeit haben. Papa und ich werden immer darauf achten, dass ihr Akku geladen wird.
Farben und neue Pinsel für ihr Hobby haben wir schon gekauft. Im Sportstudio hat sie schon mit dem Training begonnen. Und zum Schwimmen darf ich auch mit …
Ihr glaubt nicht, wie glücklich ich bin, dass meine Mama wieder gesund ist.
Der Arzt in der Tagesklinik hat zu Mama und Papa gesagt, dass die Krankheit auch etwas Gutes gebracht hat.
Ohne sie hätte Mama ihr Leben sicher nicht geändert.
Und ohne Hilfe anzunehmen, hätte die Depression ihr Leben kosten können.